사라진 얼굴

시에시선
015

사라진 얼굴

하재청 시집

詩와에세이

시인의 말

한 매듭을 지어야 할 때가 되었다.
많이 늦었다.

시간 속에서는 명징한 것도 영원한 것도 없다.
그런데도 인간들은 참 용렬하기 짝이 없다.
마치 우리는 정지해 있는데 세월만 흘러간 것 같다.
어느 날 문득 고개를 들어보니 저만치서 손짓하고 있다.
미안하게도 그 손짓을 보고 첫 시집을 준비한다.
이렇게 속살을 드러내어
타성적인 윤기를 드러낸다고 생각하니
애잔하기 그지없다.

함께 하지 못한 등단작을 비롯한 많은 작품들과
우리 아이들 단, 적, 비, 연, 수에게 미안하다.
그리고 이제 사랑하는 손녀 지유의 앞날을 꿈꾼다.
앞으로 그 꿈을 내려놓지 않을 작정이다.

지유의 교실과 의자를 새로 만들고 싶다.

2018년 가을
하재청

차례__

시인의 말 · 05

제1부

매일 자는 아이 · 13
투명한 아이 · 14
소녀들 · 15
사라진 얼굴 · 16
사물함 · 18
반성문 · 19
기출전문가 · 20
기출전문가의 거리 · 21
책 무덤 · 22
복도 · 23
빈 의자 · 24
칠판 · 25
푸른 교실 · 26
운동장 · 27
아쿠아리움 3관 · 28
어떤 죽음 · 29
상장 · 30

제2부

순한 자리 · 33
끝에서 두 번째 · 34
호명 · 36
액자 속의 친구 · 38
학교 종이 땡땡땡 · 40
바닥 · 42
토요일 오후 · 44
유통기한 · 45
오독의 거리 · 46
표창장 · 48
어느 서식지 · 49
안내방송 · 50
선택형 인간 · 52
운동장 돌기 · 54
푸른 제단 · 56
오아시스표 화분 · 57
물음표 · 58

제3부

투명 유리 집 · 61
문상 · 62
틈 · 63
사라진 계단 · 64
선생님 전상서 · 66
잃어버린 책 · 68
소계동 소망교회 · 70
그놈의 목소리 · 72
빛의 초원 · 74
구도의 손 · 75
안개 바이러스 · 76
해수탕 · 77
입학사정관 · 78
모자에 얽힌 기억 · 80
검은 꽃 · 82
어떤 우주에 대한 관찰일기 · 84
하얀 꽃들 · 85
그림자가 두렵다 · 86

제4부

그 자리 · 89

빙하시대 · 90

냉동인간 · 92

6인승 봉고차 · 94

눈사람 · 96

뼈 · 97

이사 · 98

헛바늘 · 100

마흔 · 101

폭설 · 102

그해 오월 · 103

봄비 · 104

우기 · 105

아버지의 외출 · 106

오늘 같은 날은 · 107

아버지의 밥그릇 · 108

딴지를 걸다 · 110

시인의 산문 · 111

제1부

매일 자는 아이

야간 자율학습 시간
그 녀석의 책상을 걷어찼다
아무것도 아닌 줄 알고 한 번 걷어찼을 뿐인데
텅 빈 소리가 오랫동안 밤공기를 가른다
텅 빈 그림자에 피가 얼룩진다
책상에 엎드려 매일 자는 줄 알았는데
깊은 침묵으로 밤마다 피 흘리고 있었구나
하얀 어둠 속에 자신의 그림자 새기며
아스피린처럼 깨어 있는 아이
어둠을 골똘히 바라보고 있는 아이
무심코 한 번 걷어찼을 뿐인데
신음소리도 내지 않고 너무 아픈 소리를 낸다
이제 달과 구름도 새기지 못하는 너,
아무도 오지 않는 자기의 어둠 속을 바라보며
오래 묵은 기억을 부여잡고 있었구나
오지 않는 누군가를 기다리는 교실 형광등도
진저리를 치고 있다

투명한 아이

누구도 드나들지 않는 야간 교실에는
고요한 소리의 지느러미가 흔들리고 있다
무수히 벽에 부딪혀 빚어진 소리가
어두운 하늘을 수놓으면서 팽창한다
빛이 헤엄치는 벽에 기대
텅 빈 하늘을 바라보며
끊임없이 교신을 나누는 눈망울
아무도 돌아보지 않는 투명 유리 집을 벗어나
도무지 외출할 생각을 않는다
더 걸쳐야 할 무엇을 기다리는지
지느러미가 천천히 움직인다
어디선가 흘러나오는 고요한 빛 속에 갇혀
죽음을 잊어버린 지느러미 하나로
유리벽을 팽창시키고 있는지 모른다
언제 저 거리를 활보할 수 있을까?

소녀들

푸른 하늘이 입을 닦고 기다린다
하늘은 항상 머리 위에만 있는 줄 아는 소녀들을 위해
푸른 하늘의 기억을 지우기 위해

사제들이 돌아가면서 설교를 한다
서른 개의 눈동자가
첫 번째 사제의 손짓에 따라
푸른 하늘에 푸른 신호등을 새긴다
두 번째 사제의 손짓에 따라
푸른 신호등을 지우고 빨간 신호등을 새긴다
돌아갈 곳이 없는 아이들
세 번째 사제의 손짓에 따라
빨간 신호등을 지우고 노란 신호등을 새긴다
이렇게 열두 명의 사제가 지나가고
푸른 하늘에 신호등이 사라지자
마지막 사제가 푸른 수의를 나누어준다

어디로 가라는 것인지 알 수 없다

사라진 얼굴

바닥을 쓸면서 잊어버렸던 얼굴을 찾았다
포대기 하나 덮어쓰고 사라진 얼굴
아무도 그가 누구인지 모른다
온몸에서 눈물을 짜내며 요란하게 울던 그를
이제 누구도 생각하지 않는다
그는 늘 거기에 있었다
담았던 바람을 다 쏟아내는 날
새로 바람을 온몸에 담기 위해
검은 자루 속으로 사라졌을 따름이다
그는 지금 바람을 몸에 담고 있는 중이다
거리를 활보하는 바람을 담으며
새로운 꿈을 꾸고 있을지도 모를 일이다
바람을 몸에 담아 힘껏 짜내면 눈물이 난다
한 번 힘차게 울기 위해서 그는 오늘도 바람을 모으고 있다
울음이 다 빠져나간 포댓자루 하나 허공에 펄럭인다
참 이상한 일이지, 잘못 배달된 것인가
아무도 문을 열어주지 않는다

누가 나를 여기에 두고 떠났는지 모르겠다

사물함

어머니가 또 이사를 했다
이번에도 나를 다 쏟아버리고 또 강을 건넜다
한 번도 제대로 사용한 적이 없는
눈물도 버리고
날개도 버리고
발바닥도 버리고
손바닥도 버리고
검은 머리도 버리고 왔다
상자 안에는 이제 뭐가 들었을까?
어머니 손을 잡고 걸어가는데
나도 모르게 허공에 들려 있었다
손바닥도 발바닥도 없이 걸어가고 있었다
학교에 가서 어머니가 정리한 대로
나의 사물함을 또 한번 쏟아버렸다
선생님이 어머니처럼 웃어주었다

반성문

문제가 없는데 문제를 만들려고 했어요
넌 문제가 없다고 선생님이 말해주었어요
문제가 없는 게 문제라고 말해주었어요
기출문제만 풀면 된다고 말이에요
각자의 운명은 정해져 있으니까요
뭐든지 내 마음대로 해석했어요
이제 공식을 잘 외워 문제를 풀게요
공식대로 생각할게요
명심할게요, 다시는
문제를 만들지 않을게요

기출전문가

선생님과 엄마 사이에 기출전문가가 있다
엄마와 나 사이에 기출전문가가 있다
나와 선생님 사이에 기출전문가가 있다
기출전문가의 피가 흐르고 있다
자기도 모르게 기출전문가의 피를 가진 것이다

항상 문제를 품고 문제를 낳고 문제를 기르고 있지만
집과 학교 사이에 기출전문가가 있다
집과 학원 사이에 기출전문가가 있다
학교와 학원 사이에 기출전문가가 있다

엄마가 만든 문제를 내가 풀고
내가 만든 문제를 선생님이 풀고
선생님이 만든 문제를 학원 강사가 풀고
학원 강사가 만든 문제를 내가 풀고 있다
정작 문제가 없는 기출전문가가 저만치 웃고 있다
문제가 많은 우리는 모두 기출전문가의 유전자를 가졌다

기출전문가의 거리

기출문제의 파편을 모아 상아탑을 지었습니다
이곳에서는 누구나 기출문제를 준비하고 있습니다

기출전문가가 기출문제를 열고
기출문제가 당신을 열고
무수한 당신이 기출문제를 준비하고 있습니다

오늘 당신이 열어본 기출문제는 누구나 풀 수 있습니다
오늘 내가 열어본 기출문제는 누구도 풀 수 없습니다
오늘 기출전문가가 열어본 페이지는 오지선다형입니다
사지선다형이 오지선다형을 풀고 있습니다

아무도 풀 수 없어요, 이제 그만 닫으세요
나는 이제 오지선다형으로 복구 중입니다
이 작업은 몇 분 정도 걸립니다

책 무덤

아이들이 책을 끌고 간다
어둡고 긴 통로를 삼삼오오 걸어간다
복도의 이쪽 끝과 저쪽 끝이다
너무 아득하다, 아이들
복도의 저쪽 끝에서 이쪽 끝을 돌아본다
아득한 어둠 속을 걸어 너무 멀리 왔구나,
순간 얼굴을 돌려 버린다
아이들이 책을 끌고 가는 것이 아니라
책이 아이들을 끌고 간다
책을 수북 담은 플라스틱 바구니에 매달려
아이들이 어딘가로 끌려가고 있다
책이 오 층 복도의 끝 창틀을 넘어간다
아이가 창틀에 매달려 바둥거린다
창틀 너머로 끌려가지 않으려고
악착같이 창틀을 잡고 허공에 발을 젓는다
일 층 화단 옆 바닥에 책이 산더미처럼 쌓여 있다
새로 생겨난 책의 무덤이다
아이들의 무덤이다

복도

자율학습 시간에 복도를 걸었다
진짜인지 가짜인지 알 수 없는 웃음을 보았다
그동안 열심히 드라마를 쓰고 보았지만
나는 여태 이곳을 걸으면서 주인공의 얼굴을 본 적이 없다
나도 모르게 누군가에게 인사를 하게 되었다
이렇게 인사를 하면서도
나는 너무 착한 아이들을 대신하여
파리라도 죽일 수 있기를 바란다
그 옛날 학교 옆 골목길 초입의 만화방을 떠올리며
파리채로 파리 한 마리 죽이지 못하는
나의 인생을 저주한다

빈 의자

거식중에 걸린 의자가 하루종일 밥을 먹고 있다
먹은 밥을 토할 수 없어 열두 개의 밥그릇을 다 비우고 떠난 텅 빈 교실,
의자가 입을 벌리고 누군가 버린 밥을 먹으면서 하품을 하고 있다
정말 싱거운 밥이다
아예 돌처럼 씹히지 않는 것도 있다
밥이 곧 경전이라고 꼭꼭 씹어서 먹으라고
주의사항 게시판에 적혀 있지만 아무리 씹어도 뱃가죽은 허전하고
발바닥은 감촉이 없다 밥이 경전이라면 이럴 리가 없는데
그렇게 폭식을 하고도 네 발은 움직일 줄을 모른다
아무리 경전을 외우고 씹어도 걸을 수 없는 빈 의자
이름이 다른 같은 사람들이
쌍둥이처럼 앉아 있다

칠판

금요일과 월요일 사이
굳게 다문 입술로
말없이 나를 바라보는 얼굴이 있다
눈길이 촉촉하다
그는 나를 기억하고 있을까
이곳은 내가 살 곳이 아닌 데도
누가 측은한 것인지 알 수 없다
그렇게 오랫동안 입을 다물고도
아무것도 버리지 못한 표정이다
지금도 사제의 말을 다 기억하고 있을까?
깔끔하게 봉합된 말들은
어느새 능숙하게 푸른 수의로 꿰매져 있다
여기는 내가 살 곳이 아니야
난 나를 증명할 길을 잊어버렸으니
어서 나를 찾아내 지켜줄래
금요일과 월요일 사이에만
측은한 얼굴

푸른 교실

어디서 흘러왔는지 알 수 없는 구름이
한껏 부풀어 올랐다

안으로 부풀어 보기 좋게 영근 풍선들
아이들 손잡은 사내도 함께 펄럭이고 있었다
부풀어 펄럭이다 소리 없이 날아올랐다
사방으로 동여맨 줄 끊어지면서
주둥이를 묶은 꼬리표 하나씩 달고
터질 듯 가물거리며 흘러갔다
꼬리표 단 아이들이 이어폰에서 흘러나오는 노래를 들으며
푸른 하늘을 응시하고 있다

하루종일 비가 내렸다

운동장

늘 자는 아이였다
혼자서 놀았다
책상을 안고 자고 연필을 물고 잤다
자면서 운동장에 지도를 그리는지 행복한 침을 흘렸다
지도를 그리며 운동장 속으로 들어가는지
푸석한 머리에 침을 흘렸다
우리에게는 쓸모없는 아이였다
6교시를 다 채우지 못하고 운동장을 떠돌았다
그가 운동장 구석을 떠돌 때
난 자꾸 머리가 아팠다
아이가 떠난 책상머리가 젖어 있는 줄도 모르고
뒈져버려, 자꾸 목구멍까지 치솟는 말을 입안에 집어
넣었다
그가 떠난 운동장은
뻔뻔스럽게도 너무 멀쩡했다

아쿠아리움 3관

오늘 드디어 아쿠아리움 3관에 왔다
누가 가까이 다가와도 그는 모른다
누가 구경하는 줄도 모르고 유유히 헤엄칠 뿐이다
나는 항상 무리를 짓고 싶지 않은데
늘 우리 속에 있다
오늘처럼 재미없는 날에도
하루종일 푸른 바다를 읽고 있다
그도 하루종일 푸른 바다를 읽고 있다
누군가 오늘처럼 지루한 날에는
새 책을 읽어야 한다고 했지만
우리는 우리 속에서 어제 읽은 책을 읽었다
그가 유리벽을 두드리며 우리를 깨웠다
나도 그도 아닌 우리는 누구일까?
나도 모르는 누군가 분명 우리 속에 있다
그가 오늘은 새 책을 읽어야 한다고 했지만
우리는 어제 읽은 책을 또 읽었다

어떤 죽음

늪을 가로지르는 다리 난간에 기대어
아이가 죽어가고 있었다
그는 분명 늪을 건너는 중이었다
나는 죽어가는 아이를 잡아당겼다
갑자기 감았던 두 눈을 번쩍 떴다
아무도 기억하지 않는 애도의 깃발인 양 눈을 깜박거렸다
마지막 꽃잎처럼 벌어지던 아이의 붉은 입술을
하얀 웃음이 까르르 감싸며 치솟았다
학교 앞 육교 계단에서 아이를 기다리는 여인이 떠올랐다
입술이 낙엽처럼 뒹구는 날이었다
결국 아이는 죽고 말았다
구름이 흩어지고 있었다
이제 저 주검이 나를 돌려놓을지도 모른다
나는 늪으로 향하는 계단 앞에서
오래도록 머뭇거렸다

상장

도민체전에서 은메달도 목에 걸었어
정면에는 항상 10개의 핀이 솟아 있었어
볼링공과 한 몸이 되어 핀을 쫓아다녔지
때를 가리지 않고 금메달은 빛나고
정면에 우뚝 솟아 자신을 바라보는
코치 얼굴도 박살내고
담임 얼굴도 박살내고
간혹 친구 얼굴도 박살내고
금메달은 눈물에 젖어 떠내려가고
어느새 가슴속에 뺄 수 없는 핀이 솟아 있었어
그 가슴속에 심은 꽃은 시들고
그녀가 가는 곳 어디든 공이 따라다녔어

제2부

순한 자리

나란히 손을 잡고 참 순하게 살고 있다
다정하고 어긋나지 않아 정말 보기 좋다
일렬로 반듯한 모습이 너무 진지하다
그 진지함이 변함없는 규격을 만들어내고 있다
모든 규격은 반란을 꿈꾸지 않으므로
아무도 그것을 의심치 않으므로
이곳에 앉아 골똘히 생각하지 않는다
그래도 외롭다, 무념무상에 잠긴 이상한 의자
이해되지 않는 문장들로 가득한 생애가
수없이 앉았다 떠나간 순한 자리
지금도 그 안의 빛깔을 바꾸지 않고도
검사도 되고 판사도 되고 의사가 되는
간혹 의자를 만드는 노동자가 되기도 하는
낡은 책이 펄럭이고 있다

끝에서 두 번째

앞자리가 싫어
첫 번째 줄은 아예 생각하기도 싫어
늘 끝에서 두 번째 줄에 앉아서 살아왔다

첫 번째 줄에 앉을 수 없다고
누가 험악하게 고함을 친 것은 아니지만
누가 일부러 시킨 적은 없지만

앞자리는 죽어도 싫고
두 번째 자리는 또 불안하고
세 번째 자리는 너무 어색해서
쭈뼛쭈뼛 맨 끝자리를 맴돌 때
누군가 허우적대는 내 등을 떠밀어 처음 앉았다
얼떨결에 앉으면서 너무나 순간적이고 자연스러워
이 자리가 평생 내 자리라는 생각을 하였다
 아무런 의심도 없기에 어떤 질문도 없이 앞만 바라보
았다

개기일식처럼 내 얼굴은 그 개새끼의 얼굴이 되어
앞만 바라보았다

호명

 자칭 시인이신 국어 선생이 수업시간에 엄마야 누나야 노래 부르는데 나도 모르게 울어버렸지 그 후 그가 창밖을 하염없이 바라보는 날에는 꼭 무슨 일이 일어날 것만 같아 숨이 막혔어 이런 날 그가 들려주는 시는 너무 쉬운데 나는 도무지 그를 읽을 수가 없었어 라이너 마리아 릴케와 윤동주와 박목월은 귀에 쏙쏙 들어오는데 열강하는 그의 얼굴은 도무지 읽을 수 없었어 그의 얼굴을 외면하고 고개만 계속 끄떡거렸는데 그도 나를 전혀 읽을 수 없었던지 하루는 갑자기 고함을 질렀지 야, 너 이리 나와 새꺄 빨리 안 나와 이 새꺄 난 그때 그 말을 도무지 이해할 수 없었어 분명 처음으로 나를 불러주었는데 그냥 내 자리에 가만히 앉아서 슬리퍼로 얻어터졌지 제 위치도 모르고 나불대는 놈으로 찍혀 내가 숭배하는 그 시인의 위력으로 볼을 좌우로 돌리고 몸을 뒤집었지 나는 한동안 누가 나를 불러주어도 내가 어디에 있는지도 어디에 있어야 하는지도 모르고 학교로 가는 언덕길을 오르내렸어 그는 두 번 다시 나를 호명하지 않았지만 그 개새끼가 건네주는 시는 여전히 고상한데 그와 나는 서로 쓰레기

가 되어버렸지

액자 속의 친구

네 주머니 안에서 잠자던 내 입술이 깨어날 때
사각의 그물 속에서 사각의 얼굴이 되어
너를 불러본다, 친구야

넌 더 이상 바람도 아니고 구름도 비도 아니다
아니 그냥 우리가 처음 만난 칠판이라고 하는 편이 낫겠네
아마도 그게 더 정확할 거야, 아니
아스팔트일지도 몰라
4차선이나 8차선으로 쭉 곧게 달릴 줄밖에 모르는

우리는 한때 고향을 떠나 유랑하는 철새로 만나 자유자재로 하늘을 날며
서로의 얼굴에 살구꽃을 피우고 사과꽃을 피우고
밤마다 알에서 깨어나는 꿈을 꾸다가 새가 되어 날아가기도 했지
그때 네 얼굴은 너무 부드러워 물이 되어 아무에게나 스며들고

네 눈망울은 새의 눈망울을 닮아 어딘가 마음껏 날아갈 것만 같았어

　친구야, 넌 지금도 살구꽃을 피우고 있니?
　더 이상 너는 보이지 않고 나는
　개처럼 짖는 하나의 이름처럼
　개처럼 조용해진 하나의 이름처럼
　오늘도 사각의 검은 액자 속을 배회한다

학교 종이 땡땡땡

 선생님은 제법 열을 내어 교육 정상화를 떠들고
 출처도 알 수 없는 EBS 신유형에 살을 보태지만
 교실에 앉아 있는 우리는 알지
 학교 종이 땡땡땡
 어디로 흘러가는지 알 수 없어도
 오늘도 무사히 야간자율학습을 마치고 교문 밖으로 다시 들어간다는 것을
 지금은 너무도 편안하게 길 건너 신사고학원의 천장을 바라보고 있지
 매일 저녁 열시에 교문을 나서 EBS 학교와 사거리 신사고학원
 그 사이사이 삼빡한 광고까지 다 보지만
 오늘 무슨 일이 일어나는지 우리는 알 수 없어
 강남 일번지의 생활기록부가 열리고
 고개 숙인 교사들 화면 꽉 채운 얼굴로 고해성사를 하더라도
 나는 어김없이 내일 아침이면 일어날 것이고
 짧은 가방 끈 메고 교문 속으로 들어가고

연일 하한가 속에서도 내신등급 배당에는
하등 이상이 없네
학교 종이 땡땡땡

바닥

아무것도 생각나지 않는 곳
그냥 누워버리면 그만인 곳
그냥 가만히 있어도 되는 곳
더 이상 부서지지 않아도 되는 곳

네가 있는 쪽에 자꾸 눈이 간다
네가 비운 자리를 보고 있을 때
내 뼈가 또 한번 무너진다

바닥이 바다인 줄 정말 몰랐지?
바다에 누워서도 몰랐지?
바다에 가만히 누워만 있으면 되는 줄 알았지?
이렇게 수상한 곳을 본 적이 있니?

아, 몇 번이나 바닥에 더 부서져야 널 완성시킬 수 있을까?
산산조각 난 교실의 바닷물에 짐승 냄새가 난다
바닥이 무너지는 급살(急煞)

이 수상한 곳 다시는 돌아보지 마
알겠니?

토요일 오후

셔터를 누르고 잊어버린다
내일을 찍으면서 오늘을 잊어버린다
문제를 풀고 문제를 잊어버린다
내일을 셔터 속에 가두고 오늘을 잊어버린다
내일 속에서 오늘을 생각하며 횡단보도를 건너 학교로
간다
얼마나 많은 문제들이 오늘 지나갔는지 모른다
얼마나 많은 문제들이 지나가면서
오늘의 흔적을 지웠는지 모른다
오늘은 토요일 오후
가족과 친구를 잊어버린 아이들이
우루루 몰려나와 건널목을 건너고 있다
얼마나 많은 차들이 지나가면서
오늘을 지웠는지 모른다
꼼짝없이 문제 속에 갇힌 아이들이
셔터를 누르고 오늘을 잊어버린다

유통기한

유통기한이 지났다
낙인처럼 몸에 찍힌 날짜 정확하게 기억하고 쓰레기통에 버린다
그는 출소하는 죄수처럼 비어져 운다
자신도 알 수 없는 내용물 가득 채우고 상표를 얼굴 삼아
그동안 근엄한 표정 얼마나 지었는지
비우고 버려지니
누구와 함께한 묵직한 시간 싹둑 잘라낸 듯 가볍겠다
누구와 함께하는 생이란 이런 것이다
유통기한 끝나기를 기다리는 사람
이제 그만 나둬라

오독의 거리

빛을 쪼개며 거닐다
나도 모르게 이곳에 들었다
그동안 빛을 쪼개어 휴지통에 버리는 일을 반복했다
빛은 희망이면서 절망
아무도 그 방향을 모른다
아무리 정교하게 쪼개어도 다가오지 않는 소리
그 소리를 찾아 나도 한동안 빛이 되었다
빛 속에 갇혀 빛의 외벽을 탔다
어느 날 내가 타던 외벽에서
손을 턱 놓아 버리자 툭 하는 소리가 났다
이곳에 왔다
이곳에는 빛이 입자로 떠 있는 게 아니더라
빛이 물이 되고 강아지가 되는 곳,
거리에는 강아지가 꼬리를 흔들고
그 꼬리에 빛을 흘리고 다녔다
사람들은 빛을 그릇에 말아 후루룩 마시고 있었다
허기진 빈 그릇 속에서
희망인지 절망인지 알 수 없는 빛이 삭고 있었다

의심하지 않고 꼬리만 살살 흔드는
한 번도 들어보지 못한 강아지 소리를 내고 있었다

빛이 휴지로 날리고
휴지통에는 절망의 낙서만 가득하다

표창장

운동장에 나를 팽개친다
수많은 눈길의 아수라장
이 길로 곧장 달리란다
길 하나 갖고 닦이 선물한다
훤하게 쭉 뻗은 길이다
사지를 묶고 발바닥에 대못을 친다
배를 허옇게 뒤집고 기어가란다
난 이제 영락없이 번데기다
그 길로 죽으라 한다
쭉 뻗은 아스팔트 바닥에
죽으라고 패대기친다

어느 서식지

어느 일요일 오후 한나절에 다 무너졌다
무너진 더미 속에 수없이 많은 아이들이 서식한다
하얀 햇살 먼지 속에 모습을 드러낸
허리가 잘리고 혀가 잘린 아이들이
절망의 잔해 속에서 꿈틀거린다
그동안 얼마나 넓고 깊게 팠을까
쫓기듯이 기를 쓰고 엄마가 파 놓은 토굴
짐승 같은 햇살이 슬쩍 건드리자
서로 뒤엉켜 오랫동안 발효된 푸른 독이
사방으로 흘러내린다
얼마나 오랫동안 서로의 몸을 부둥켜안았는지
시큼하다

안내방송

안내방송을 하며 제가 있는 곳을 잊어버렸습니다
방송실 마이크를 잡고 아이들을 잊어버렸습니다
넘실대는 푸른 파도를 보며 일렬종대 운동장만 떠올랐습니다
조용히 앉아 기다리세요
일렬종대로 앉아 하느님에게 기도하세요
교실의 구호만 떠오르고
제가 살던 곳의 기억은 점점 희미해졌어요

그곳은 틀림없이 아버지, 어머니가 있는 곳인데
그곳은 틀림없이 아들과 딸이 있는 곳인데
그곳은 나를 잊어버리고 나는 기억에 없습니다
돌아갈 방법을 찾지 못하고 안내방송만 되풀이했습니다

여기는 제가 살 곳이 아닙니다
여기는 아이들이 살 곳이 아닙니다

안내방송 구호는 생생한데
제가 살던 곳도 잊어버린 나도
나를 잊어버린 그곳도
그곳을 잊어버린 아이들도 나를 잊어버렸어요
나는 정말 기억에 없습니다

선택형 인간

문제가 많은 인간들이 문제를 만드는
그곳에는 오랜 관습의 고목뿐이다
언제 삭아 내릴지 알 수 없는
엉거주춤한 고목 몇 그루 늘 붙박혀 있다
우씨 정해진 약속처럼 혼자서 고목에 물 준다
여기저기 다 쓰러져 가는 고목
칙칙한 바닥에 뿌리 내리고
푸른 잎사귀 하나 없지만
그래도 늘 싱싱한 그늘을 꿈꾸고 있다
이 지상의 마지막 해법 만들어 다시 뿌리 내리고 싶어
칙칙한 바닥에 엉켜 삭고 있는 고목
아직 뿌리 내릴 바닥이 있어 늘 고맙다
늙은 우씨 혼자서 지키는 문제가 많은 그 냄새
누구도 돌아보지 않는 고목에 물 주며
그도 어느새 고목이 다 되었다
청춘의 종점 지하 계단 아래 뿌리 내리고
모퉁이에 매달린 70년대식 선택형 간판
바람에 흔들리는 오래 묵은 고목에는

푸른 잎사귀 대신 주렁주렁 썩은 열매가 매달려 있다

운동장 돌기

삼삼오오 짝을 지어 돈다
뒤뚱뒤뚱 오리걸음으로 돈다
아무도 믿을 수 없어 돈다
시계를 거꾸로 돌리기 위해 돈다
기다릴 수 없는 그 무엇을 위해 돈다
돌아갈 수 없는 시간을 위해 돈다
다섯 번째 바퀴를 돌았을 때도 돌아오지 않는다
여섯 번째 바퀴를 돌았을 때도 돌아오지 않는다
돌아오지 않는 시간를 위하여 돈다
언제나 뒷모습만 남기는 그 여자
언제나 누군가를 기다리며 사는 여자
언제나 무엇을 기다리며 사는 여자
불현듯 그 놈의 행방이 희미하게 떠오를 때
뒤뚱거리는 그림자가 몹시 흔들린다
운동장을 도는 여자의 발걸음이
점점 빨라지기 시작한다
아침마다 잠을 깨우는 자명종 시침보다 더 빠르다
어딘가 서둘러 가려고 두 팔로 노를 젓는 것 같다

마치 빠른 물살처럼 흘러간다
불쌍한 어깨와 엉덩이만이 진실이다

푸른 제단

많은 제물이 주문 속에 바쳐지고
전염병처럼 소문만 번져갔다

주문은 하루에도 수십 번 빛깔을 바꾸지만
이 오래된 주문은 소문 속에만 갇혀 있다

동아줄을 내려 아무리 그 얼굴을 퍼 올려도
기억의 우물 속에는 이제 얼굴이 없다

주술로 개종된 기억만이
익숙하게 또 허공을 떠도는 글자를 꿰맬 뿐

이제 밖을 엿보는 아이도 없고
천리를 달려가 닿고 싶은 아득한 절규도 없다

얼굴도 없는 관이 새로 만들어지고
그 관에 누가 누워 있는지 알 수 없다

오아시스표 화분

누가 뭐래도 오아시스표인데요
어떤 화초 심어도 한결 인물이 난데요
창에 비친 우리 집 화분

예쁜 화분 속에서 다 죽어가네요
가볍고 깔끔해서 잘 자란 줄 알았는데
창가에서 죽어가고 있는 나의 화초

난간에 내어놓느라 분갈이해준 시간들
저렇게 환하게 웃고 있는데
예쁘게 자랄수록 모두 죽어가네요

물음표

저기 물음표가 걸어간다
고개를 숙이고
누군가의 시선을 피해 땅만 보고
물음을 숨기고 걸어간다
옷도 없이 거꾸로 매달린 옷걸이처럼

고개를 갸웃거리며 이리저리 흔들리다
책상에 엎드려 잠을 잔다
아무도 그의 물음을 깨우지 않는다
물음표는 언제나 말이 없다

제3부

투명 유리 집

그 섬에 가고 싶어
교실마다 파프리카를 키운다
그의 자폐증으로 키운 파프리카는 어김없이 품질인증이지만
그가 할 수 있는 일이란 자신의 속을 비우는 일
좀처럼 밖을 나오는 법이 없다
모니터 안에서만 떠도는 푸른 하늘이
그의 손발을 묶어 버렸다
그의 하느님은 늘 하늘에만 계시고
그는 최첨단 온실 속에서만 산다
그의 자폐를 먹고 자란 파프리카
오늘 또 누군가 그의 품질인증을 받아
우리들 곁을 떠나갔다
이제 그의 자폐를 먹고 자란 아이들이
거리를 활보하게 될 것이다

문상

친구야, 이제 교실에 잘 도착했겠지
옥상 난간의 마지막 발자국 수습하여
네가 도착한 곳은 또 다른 감옥이 아니더냐
난간에 서 본 기분을 너희들이 알어?
안락한 몸에 도달하기 위하여 몸부림친
길고 긴 이승의 발자국 아직도 선명한데
나를 위해 흥겹게 향불을 올리고
돌아가던 길이 그리도 즐거워
몸을 가누지 못할 정도로 비틀거렸더냐?
나를 보내는 예의가 너무 지나치다
사실은 이승의 두꺼운 벽을 뚫고
보이지 않는 그 길로
질주하고 싶었던 게 아니었어?
나의 피를 나눈 추억을 깨끗하게 갈아엎었어야지
그 세 치 혀를 잘라내지 않고
어찌 그 길을 발견할 수 있겠나

이 개새끼들아, 문상은 왜 와

틈

너와 나 사이에 틈이 있다
그 틈 사이에 너와 내가 살고 있다
틈으로 들어오는 빛을 먹고 살고 있다
그 틈으로 빛이 들어오고 구름이 흘러간다

오늘도 너는 그 틈을 메우기 위해 계단을 오른다
계단을 오르며 그 틈 속으로 사라진다
계단을 오르며 네가 사라지는 그 길로
나도 사라진다

사라진 우리가
사라진 교실에 모여 있다

사라진 계단

계단을 밟고 여기까지 왔는데 없어요,
돌아보니 허공에 떠 있어요
아무것도 없어요 구름처럼 떠 있어요
이러다 나, 사라지면 어쩌죠
계단 좀 놓아주세요
사다리라도 좀 올려주세요
한 계단을 밟고 올라가면
또 한 계단이 나타나고
또 한 계단이 나타나면
또 한 계단을 밟고 올라왔어요
한 계단 밟고 올라갈 때마다
또 한 계단이 사라지는 줄은 몰랐어요
이제 그만 내려가고 싶어요
이제 정말 내려가고 싶어요
하늘 계단에 이제 나밖에 없어요
정말 아무도 없어요
저 밖에는 소리와 햇살이 서로 손잡고 오글거리는데
나는 시방 철문을 열고 옥상 계단에 앉아 있어요

그 어둠 속 페이지를 열어둔 사람은
누구일까요?

선생님 전상서

이제부터 저는 아무것도 읽지 않기로 했어요
이게 다 선생님 덕분이에요
이제 그 누구도 읽지 않을 거예요
푸른 하늘과 강물도 읽지 않을 거예요
읽을수록 눈물이 흘러 아무것도 볼 수 없어요
열매가 맺히기도 전 나무는 아예 사라져 버리더군요
그래서 나는 아예 눈을 감기로 했어요
두꺼운 어둠을 외씨처럼 덮어쓰고 나를 숨기기로 했어요
읽지 못하는 나를 아무도 볼 수 없도록
두 겹 세 겹 어둠 속에 나를 숨기기로 했어요
이렇게 이삼 년 어둠 속에 누워 있으면 구절초 산국처럼 피어날까요?
그동안 제가 읽고자 했던 건 하늘도 아니고
그동안 제가 읽고자 했던 건 선생님이었어요
때로는 푸르게,
때로는 찬란하게,
때로는 먹구름처럼 먹먹하게 변하는 그 무엇

알 수 없는 미명이었어요
난 선생님을 모를 때가 정말 좋았어요
때로는 푸르게, 때로는 검게 변할 때마다 내 가슴은 뛰었는데 왜 그랬어요
그 어려운 미분 적분 몰라도 되는데 왜 그랬어요
난 이렇게 아픈데 왜 줄행랑을 쳤어요
이 개새끼야, 말해봐

잃어버린 책

그 여름의 끝, 큰물이 지던 해
책보를 잃어버리고 늙은 소나무 아래에서
아무도 몰래 퇴행성 벌레처럼 웅크리고 있었다
책장 넘어가는 소리를 들으며 달빛 속에 앉아 울었다
책보는 가을 추수 무렵 강가 억새 숲에서 발견되었다
책갈피는 그때까지도 울고 있었다
아버지는 아무것도 모른 채
하얀 두루마기를 펄럭이며 먼 길을 떠나고
가을 햇살 아래에서 하얗게 표백되어 가던 나는
사택의 살구꽃 풍금 소리를 들으며
내 그림자를 따라 대구로 갔다
아이들의 가방에서는 햇살이 미끄러졌다
햇살을 손에 잡으려 했지만 늘 손바닥 안에서 미끄러졌다
그때마다 우리 옆집 학교 사택의
선생님과 그 아들의 하얀 손이 떠올랐다
내가 알 수 없는 책장이 넘어가고
어디선가 거친 숨소리가 쿵쿵 들려왔다

맨발로 남해로 떠난 형이 발자국을 찍는 소리였다
내 책보를 몰래 강가에 버린 친구들은
지금도 하얀 뼈가 드러난 상형문자를 새기고
나는 아무도 기다리지 않는 숲속에 다시 돌아와
강물에 젖어 흔들리고 있다

소계동 소망교회

너는 돌아왔다
안개 낀 골목을 돌아
십자가를 머리에 이고 돌아왔다
돌아와 골방에 웅크리고 앉아
밤마다 부치지 않는 편지를 쓴다
어머니와 선생님에게 띄우는 편지인가
두고 온 너에게 쓰는 편지인가
그곳에는 참 많은 벗들이 갇혀 있다
갇히기를 거부하지 않은 벗들이
어둠 속에 떠오르는 십자가 성호에 맞추어
일제히 기도하고 찬송가를 부르는 곳
땅에 발을 딛지 못하고
하늘에 솟아 있는 투명한 빛을 기념하기 위해
낮은 포복을 하고 엎드려 있다
그냥 빛으로 존재하기 위해
모두들 귀를 닫고 있다
하늘에서 천 개의 별들이 귀를 여는 밤
천 개의 소망이 떠 있는 어둠 속에서

서로 어울리지 못하는 벗들이 돌아와
소망 하나씩 지우며 기도하고 있다

그놈의 목소리

어제 내 입술을 훔쳤는데
오늘은 다른 입술을 훔치고 있었다
어두운 복도를 지나며 힐끗
안개 속에 나타났다 사라지는 그놈
뿌연 안개 속에서 희미하게 웃고 있었다
그놈은 늘 몸이 식어 있었다
차가운 몸이 따뜻해지기를 원했다
몸만 남은 몸이 누군가를 그리워하며
밤마다 안개처럼 다가와 우리들의 입술을 훔치고 있었다
나는 뭔가 좋은 일이 있을 거라고 남쪽으로 내려왔지만
늘 책상에 엎드려 추위에 떨었다
돌아누울 수밖에 없었다
모두에게 약속한 꽃 한 송이 피울 수 없었다
돌아누워 몸만 남은 사연을
낯선 교실의 형광 불빛 아래 씻어내고 있었다
나를 눈물로 배웅하였던 어머니 북쪽에 두고

죄의식에 빠져 남쪽 안개 속에서 뒤척이고 뒤척였다
아, 끈적끈적하게 감겨오는 그놈의 목소리

빛의 초원

저 깊은 웅덩이 가로질러
아이들이 헤엄쳐 가고 있다
부흥회 전도사의 설교 들으러
유유히 장난을 치며 강당으로 가고 있다
구세주의 위압적인 말씀, 화려한 말들의 잔치에
주빈으로 초대받은 것도 잊어버리고
망아지처럼 운동장을 가로지르고 있다
푸른 어둠이 깔려 있는 빛의 초원
마음껏 뛰어다닐 수 있는 행운권 추첨도 있다는데
아예 기대하지도 않는 눈치다
흘러간 노래처럼 잘생긴 전도사
행운권을 손에 쥔 아이와 함께 떠나면
다시 운동장을 가로질러 돌아와야 하는데
아무렇지도 않게 조잘대며 운동장을 건너가고 있다
참 천진난만한 발걸음이다
숱한 발자국을 집어삼킨,
저렇게 무섭도록 깊은 웅덩이를
나는 본 적이 없다

구도의 손

한 번도 그의 얼굴을 내보인 적이 없다
기출문제와 신유형이 놓여 있는 책상 위에 엎드려
선생님이 부처인 양 가늘고 긴 손 내밀고 있다
운동화 밑창 다 닳도록 오르내린 계단
수많은 신발이 거쳐 간 계단을 오르내리며
비로소 구도의 길로 들어선 것일까
지나온 길을 지우고 열반에 들기 위해
꿈이 한 올 한 올 해체되고 있는 책상 위에서
하늘을 날았을 양탄자의 실밥을 풀고 있다
언제라도 잡아당기면 빌딩 위로 날아올랐을
책상 모서리의 실밥을 오늘도 풀고 있다
흩어진 꿈을 수습하며 푸른 수의를 갈아입는
굳어버린 구도의 손

안개 바이러스

오늘도 만원이다
벽시계가 정각을 가리킬 때마다
안개는 경계도 없이 피어오르고
안개 바이러스는 순식간에 구석구석 번져간다
누구도 안개의 정체를 알 수 없다
곳곳에서 들려오는 안개들의 하모니
더 이상 아무도 그리워하지 않는다
뿌옇게 흘러내리는 뒷모습만 보일 뿐
누구도 서로의 뒷모습을 돌아보지 않는다
울음만이 뿌옇게 차 있을 뿐이다
울음을 꾹꾹 눌러 포장하고 있는 안개의 손놀림
굿모닝 헬스에서 서로의 얼굴을 본 사람은 아무도 없다
안개가 사라진 투명한 날을 기다리며
굿모닝 헬스는 오늘도 만원이다
언제 울었는지도 모르는 울음으로 늘 만원이다
누구도 그리워하지 않고 누구도 웃지 않는다
뿌옇게 피어오르는 안개 울음

해수탕

새벽까지 빨간 불을 밝히고
누군가를 기다리는 백 년 정거장이다
돌아오지 않는 사람들을 위해 밤새 불을 밝히는 곳
밤마다 뿌연 안개 너머에서 흘러나오는
낯익은 수화기 소리
귀에 익은 신음소리
이곳에 처음 불을 밝힌 사람들이
먼 길 떠나고 싶어 우는 소리
흩어졌다 다시 모여드는 뿌연 안개를 잡아먹는
정체를 알 수 없는 이정표
이제 어디에도 떠날 수 없는
금산 신도시 사람들의 해골 같다

입학사정관

그녀는 늘 활달하고 당당했다네
마이 웨이를 외치는 소리는 하나도 안 들리고
아니, 오직 한 사람 그놈을 씹어대고 있었다네
그놈을, 상아탑에 빌붙어 유유자적하는 늙은 룸펜을,
씹는 재료야 이미 의미 없고
이제 씹고 또 씹는 그 입술만 남았다네
교실에서 매번 마이 웨이를 외치던 그녀
그 길 위에는 늘 자기밖에 없고
서울 가는 날 늙은 선생마저 귀찮아졌는지
책을 불살라 캠프파이어 춤판을 벌이고
그녀 오직 마이 웨이만 외치면서 휑하니 상경했는데
무슨 대단한 판이 기다리고 있는지
그날 밤 노래방에서는 그녀의 18번 my way가 밤새도록 울려퍼졌는데
희망으로 그녀의 입술이 다 축축했는데
서울에서 온 늙은 룸펜은 바닷가 낚시터로 향하고
한동안 그렇게 북적대던 그녀의 마이 웨이에는 이제 아무도 없다네

오늘 오랜만에 노래방에 가서 my way를 합창하는데
그녀는 오직 한 사람 그놈을 씹어대고 있었다네

모자에 얽힌 기억

만국기 펄럭이는 운동장에서
하얀 모자를 거꾸로 쓰고 달린 적이 있다
신나게 달렸다, 얼마나 신나게 달렸는지
결승점 테이프를 끊는 순간
모자가 바람을 타고 흘러가는 줄도 몰랐다
챙을 뒤로 하고 눌러쓴 모자는
그렇게 바람처럼 흘러갔다
하얀 모자는 마치 내 몸의 일부처럼
나도 모르게 잘라버린 머리카락처럼
아무런 기억도 남기지 않고 잊어버렸다
그러던 어느 날 중앙에 빛나는 모장(帽章)을 붙인
둥근 챙을 앞에 두른 검은 모자를 쓰고 등교했다
누가 볼까 봐 깊이 눌러쓰고
좁은 골목길 모퉁이를 돌아나가면
모두가 나를 바라보는 것 같았지만
여전히 나는 모두에게 낯선 얼굴이었다
가는 곳마다 나를 따라다니는
모장(帽章) 하나로 빛나는 낯선 얼굴

졸업식 날 찢어버린 후 다시는 쓰지 않았지만
내 얼굴 어느새 챙 없는 모자가 되었다
그 누구의 관상도 꿰뚫을 수 있는 창
모자가 필요 없는 모자

검은 꽃

아침마다 고기를 먹는다
웃음을 팔아 고기를 먹는다
생고기를 먹는 날이 잦아진다
날마다 고기 냄새를 가두어 삭힌다
잘 삭힌 냄새 잘 버무려 저장한다
고기 냄새가 웃음으로 번지는 날
얼굴에 검은 꽃이 자란다
잘 포장된 껍질을 뚫고 자란다
이제 잘 벼린 칼로 매일 잘라
꽃집에 출하해야 하는데 포화 상태다
가게마다 검은 꽃을 잘라낸다
뿌리가 없는 검은 꽃들이
거리마다 뚜벅뚜벅 걸어간다
어디 솟아날 구멍이 없는데도
출구도 없이 돋아난 검은 꽃의 향기
오늘따라 지독하게 아름답구나
자르고 또 잘라 잘 달구어진
날카로운 예각을 향하여

검은 칼이 자란다,
검은 꽃잎이 흩어진다

어떤 우주에 대한 관찰일기

 늘 만원이다 아무도 모르게 승천을 준비하는 천사들로 만원이다 저 검은 시궁창을 건너온 것들, 밤이 되면 이곳은 늘 그들로 만원이다 하룻밤 사연으로 어둠 속에 낙인을 찍고 승천을 꿈꾸고 사라지는 것들, 이곳에는 알 수 없는 별들로 만원이다 창마다 짧은 사연을 등불처럼 매달고 열심히 서로를 관찰하고 있는 모습이 초롱초롱 별처럼 빛난다 가끔 세상 참 대책 없이 만원이라고 중얼거리며 별똥별이 지나가기도 한다 육젓 냄새 나는 몸뚱어리 펄럭이며 자신이 관찰한 광활한 우주, 누구도 쉽게 그릴 수 없는 지도를 주머니에 구겨 넣고 어둠 속을 걸어간다 그들의 어지러운 발자국만큼이나 난해한 그 지도를 믿으며 세상에 참 좋은 일이 많이 일어날 것이라고 미리 예측하면서 종종걸음을 친다 오늘도 우주에 대한 관찰일기는 바람에 펄럭이고 북두칠성도 없는 밤이 지고 있다

하얀 꽃들

탄내가 나는 꿈이 강바닥에 말라 있다
우린 이런 거 입맛에 안 맞아요
바싹바싹, 단디 좀 익혀주세요
지천에서 떠내려온 비닐 봉다리가
바람이 들어 불룩하니 피어 있다
숨을 쉬는지 불룩 부풀어 펄떡이는 하얀 꽃들,
그녀는 방뇨된 빨래 뭉치처럼 바람에 휩쓸려 떠났다
같은 곳에서 불어오는 바람을
일사불란하게 엮어서 떠났다
그녀를 향했던 편지들이 여기저기 펄럭이는
그런 저녁 혹은 그런 밤의 국가하천

그래, 그놈을 만나는 게 아니었어

그림자가 두렵다

나 길 떠나면
한나절 지난 다음
누가 부르는 사람 있을까
내 뒤에 남는 그림자가 두렵다

오늘은
먼지 쌓인 신발을 털어
말리고 싶다

제4부

그 자리

그 자리에 가 보았네
움푹 패여 이끼 낀 고사목
비늘이 비늘을 벗겨내면서
아직도 늙어가고 있었네
그 한가운데 늙은 뱀 한 마리
아홉 겹 미로를 만들고 있었네
자신이 만든 미로 속으로 들어가기 위해
안간힘을 쓰고 있었네
아무도 돌아보지 않아 백태 낀 생채기
붉은 낙엽이 쌓여 삭고 있는
그 오래된 우물 속에
내 푸른 입술도 썩고 있었네

빙하시대

냉동실에 고기 한 토막
오래 방치되어
동공에 서리가 하얗게 내렸다

나는 언 고기 토막처럼 일그러진다
냉동된 기억의 문을 열어
애인의 가슴을 뚫어 굴뚝을 하나 낸다
가슴 한가운데 톱밥 난로를 지펴
붉은 불꽃을 피운다

가슴에 구멍 하나 뚫어
톱밥을 툭툭 던져넣고
하늘을 힐끔거리다 굴뚝으로
사라지는 나,
굴뚝은 늘 하늘 속으로 박혀 있지
피 흘리며 사라지지

냉장고 문을 열면 애인은

탱탱하게 몸을 당겨 튀어 올라
밥상으로 사라진다

냉동실 하얀 수초 사이에서
핏자국도 말라버린
고기 한 토막

냉동인간

냉장고가 굳게 닫혀 있다
어느새 벌어진 틈을 다 메우고 닫혀 있다
다시는 입을 열지 않을 것이다
입을 싹 닦고 닫혀 있는 폼이
한 번도 가 보지 않은 바닷속 같다
벌써 한 달째 닫혀 있다
굳게 다문 입술이 파랗게 얼었다
마치 한 달 전에 죽은 사람의 입술 같다
저 안에 숨을 죽인 푸른 고등어가 누워
제 동공을 뜯어먹고 있을 것이다
이제 입은 반쯤 열려 있을 것이다
사체를 뜯어먹은 공기가
입안을 자유롭게 드나들고 있을 것이다
2603호 남자는 동공이 다 뜯긴 채
뚫어져라 고등어가 자유롭게 유영하는 화면을
벌써 한 달째 바라보고 있다
그는 이제 냉장고 속 고등어가 다 되었다

죽어서 자유롭게 화면 속을 유영하고 있다
그는 이제 누가 봐도 부패하지 않는 자유인이다
어느새 세상의 틈을 다 메우고 그의 입은 닫혀 있다

6인승 봉고차

그렁그렁
덜컹덜컹

어디로 달려가는지
먼지 뒤집어쓴 6인승 봉고차

말라붙은 눈물 자국마저
뚝, 뚝 떼어 던지며

쭈글쭈글한 살갗 사이로 솟아오르는,
벌레처럼 오물거리던 누추한 희망을 햇살에 말리면서

빨갛게 충혈된 눈알을 헛바닥으로 핥아 내뱉듯
하루살이 시궁창에 오물오물 알 까듯
식솔들 아무데나 부려놓고
기어간다

해수 끓는 늙은이

견인되어 간다

쉬엄쉬엄 붉게 타면서 고개 넘어간다

눈사람

네온사인 빛이 하얗게 내린다
십 년 만에 내린 남도의 폭설 소식이
시내 전광판에서 흘러나온다
우리는 지금 눈 속에 수장되고 있는 중
사람들이 전광판 속으로 걸어가고 있다
앞만 보고 걷는데 아무도 없다
모두들 어디 갔지?
눈발을 맞으며 걸어가고 있는 나를
누군가 힐끗 보고 쏜살같이 지나간다
코트 깃을 반쯤 세우고 걸어가고 있다
말없이 어깨를 부딪치는 사람들
아무도 없는 플랫폼으로 걸어간다
봄이 와도 녹지 않는 눈사람이 되었다

뼈

내 살은 아직 식욕을 탐하는데
어느 바람이 후벼팠는지 내 뼈에는
어느새 구멍이 생기기 시작했다
그 구멍에 수시로 바람이 드나들면서
어디서 날아온 홀씨가 번식했는지
내 뼈에서 자라는 이끼
가슴 언저리까지 파랗게 번져 있다
그러나 어느 순간 멈춰버린 그녀의 숨결
심장이 터져라 짐승처럼 달렸던 그 들판에
언제 새싹이 돋고 열매가 열리겠는가
이끼가 하복부까지 파랗게 번져도
나무 한 그루 없는 저 들은
이제 바람 한 점 없이 조용하다

저 고요한 그녀의 눈망울

이사

깎아지른 벽을 바라보고 있다
베란다 창틀을 기어 나와
머리를 삐죽 내밀고
꿈틀거리는 달팽이 한 마리
우기 중 세상 가운데 걸어 나와
온몸이 축축하다
푸드덕 지상으로 뛰어내릴 때마다
깃털이 하나, 둘 빠져나간 몸통에서
온통 진물이 흘러내린다
목이 칭칭 감긴 채
일렬로 찰싹 달라붙어
비를 맞고 있는 눈 먼 몸뚱어리
텅 빈 채로 간신히 매달려 뚝 뚝, 떨어진다
봉고 트럭이 검은 연기를 내뿜고
돌돌 웅크린 달팽이 한 마리
돌아올 수 없는 구절양장 속으로
달려갈 채비를 하고 있다
찢어진 유리 속 텅빈 장롱 밑바닥에

빗물이 흥건히 고여 있다
이제 다 삭아내렸다

혓바늘

밥이 늘 걸어갔던 길
혓바닥에 바늘이 돋는다
늘 입안을 돋우는 것들
먹을 때마다 온몸으로 번지는 아픔
이제 먹는 것이 근심이 되는구나
한 번도 의심하지 않았던 길
늘 다니던 길이 패여 웅덩이가 되면
가던 길 안에서 안락했던 삶
그 중심이 흔들리고
잠시 뒤틀린 신발 속에서
또 한번 뒤뚱거려야 하나
식도락 같은 삶에 때로는 가시가 돋고
그럴 때 우리는 잠시 길을 멈추고
신발을 털어야 하는가 보다

마흔

불혹 하나 가슴에 달고
나, 이제 마흔인 줄 알겠네

채울 수 없는 하나
언제던가, 내가 던진 돌팔매

저기 새 한 마리
하늘 무덤 속을 날아가는데

서른아홉 개 돌멩이
우수수 비가 되어 흩어지는 날

나, 이제 마흔인 줄 알겠네
다시는 돌아오지 못할
호리병 속에 마흔이 되어 들어가네

털 빠진 개 같은 하루
이 망할 놈의 혹

폭설

백 년 만의 발걸음 소리다
백 년 만의 소리를 네가 어찌 볼 수 있겠느냐
지금 밖에는 눈이 내리고
백 년 만에 눈이 내리고
백 년 전 애인이 동구 밖을 지나고 있다는데
옷깃만 살짝 스치고 있다는데
네가 어찌 볼 수 있겠느냐
내가 볼 수 없는 곳에서
네가 볼 수 없는 곳에서
지금쯤 고개를 넘고 있을 게다

그해 오월

떠날 수 없어 고여 있다
복개천 포장도로 어귀에 들어서면
안개처럼 퍼지는 그해 오월,
골목길 마지막 대문을 열고 들어가면
감나무 아래 아직도 누워 계신다
눈알 파 먹힌 아버지 하늘을 보고 계신다
복개천을 역류한 거미들
아버지 눈 속에서 집을 지어 살고 있다
우물 속 그 어둠을 파먹고 있다
지금도 아버지의 눈알을 파헤치고 있다
나도 모르는 그해 오월
난 그해 오월에 태어나고
그해 오월에 버려졌다

봄비

토요일 오후
산1번지 현대아파트 오르막길
여기저기 향긋한 수박 냄새가 흩어진다
쩍 갈라지며
최초의 향기가 피어오른다
이것이 대체 무슨 냄새일까?
비릿한 내음 속
맨살 갈라지는 소리
속살 솟구치는 핏빛 소리
하늘에서 내려온 동아줄 타고 피어오르는 소리
어머니 치마폭에 고여 있던 소리
빨갛게 달아오른 아궁이 속 같은 소리
쩍 갈라지며 튀어 오른다

우기

부고가 왔다

진주 가야 하는데
진주 가야 하는데
간절한 마음만큼 간절한 몸이
내 심장을 잡고 놓아주지를 않는다

어머니 집에 물이 고여 흥건하다
또 비가 내린다
내 심장 속의 어머니
오늘 겨우 이장을 끝냈다

나무야, 잘 자라거라

아버지의 외출

아버지의 하얀 두루마기가 장롱 속으로 들어갔다
다시는 꺼낼 일 없다는 듯 잠시 흔들리던 눈동자가
동구 밖으로 흘러가는 검은 중절모를 바라보고 있다
마당가 막내의 팽이는 신나게 돌아가는데
웅크린 어머니의 문풍지가 바람 속에서 울고 있다
바람 따라 솟구치다 잦아드는 연 꼬리를 붙들고 있다
바람 속에서 아버지의 하얀 두루마기가 끝없이 펄럭였다
차곡차곡 개어진 장롱 속 빛바랜 두루마기
하얀 뼛가루로 삭고 있다

오늘 같은 날은

바람이 날을 세울지라도
기다리면 눈이 온다고
속삭이는 눈이 온다고

지금 마음이 아파도 눈이 온다고
누군가를 용서하여도 눈이 온다고
눈이 온다 믿지 않아도 눈이 온다고

누군가를 기다리지 않아도 눈이 온다고
누군가에게 속삭이지 않아도 눈이 온다고

오지 않는 눈이 자꾸만 속삭인다
바람이 날을 세우는
오늘 같은 날은,

아버지의 밥그릇

늦은 밤, 털 빠진 개 한 마리
밥그릇 주변을 어슬렁거립니다
비울 수 없는 밥그릇, 아버지가 웁니다
아버지의 밥그릇 속에는
낡은 일기장이 펄럭이고
일기장 속 삭아빠진 담배 구멍으로
촌스런 핫바지가 달려갑니다
그리고 구멍 난 양말이 걸어갑니다
구멍 난 양말 다 해지는 날을 위하여
채워도 채워도 채워지지 않는
두고 온 아들의 밥그릇을 위하여
꾸역꾸역 밥그릇을 비웁니다
숟가락으로 비워도 비워도
비워지지 않는 밥그릇을 비웁니다
밥 한 그릇 비우기가 뭐가 그리 힘든지
파리 똥 묻은 할머니의 사진 속
텅 빈 할머니의 밥그릇을 바라보면서
글쎄 아버지가 웁니다

밥그릇을 비우는 건 바로
한 생을 비우는 것인가 봅니다

딴지를 걸다

우리의 정신 김수영을 기린다?

클릭 한 번으로 친구가 되고
클릭 한 번으로 시인이 되고
클릭 한 번으로 지사가 되고
클릭 한 번으로 그는 온데간데없고
너무도 가까이 있는 장미꽃에서는
아무 향기 맡을 수 없으니

펜대 꼭꼭 눌러 친구를 부르고
쓰러진 풀잎 일으켜 세우던
그의 등 뒤로 사막이 펼쳐진다
저 모래 언덕에도
보이지 않는 길이 있을까

낙타 방울 소리 긴 모래밭에 잠겨 있다

시인의 산문

희망의 이유

어린 시절 시골에서 대구로 유학을 온 나에게 대도시 문명에 대한 경외심은 늘 순간에 지나지 않았고 시간이 흐를수록 마음속에 외로움이 자리 잡았다. 도시의 어떤 새로움도 이 외로움을 치유할 수 없었다. 만화를 그리는 친구에 이끌려 둘러본 서문시장의 잡화도, 동촌의 강물도 은밀히 자리 잡고 있는 나의 외로움을 치유할 수 없었다. 그래서 난 시간이 날 때마다 대명4동 동사무소 옆 골목 모퉁이에 자리 잡고 있는 만화방으로 달려갔다. 이곳에서 홍길동을 만나고 일지매를 만나고 외팔이 협객을 만나고는 홀로 버려진 외로움을 마음 한쪽 깊이 파묻었다. 이렇게 나의 외로움은 치유되지 못한 채 언제라도 계기만 주어지면 한순간에 터져 나올 것처럼 마음 구석구석에 봉긋하게 공동묘지 같은 봉분을 이루었다.

중학교에 입학하고 얼마 지나지 않았을 때 국어 시간

에 선생님이 김소월의 「엄마야, 누나야」를 낭송하고는 노래로 선창하고 우리도 따라 불렀다. 김소월의 「엄마야, 누나야」는 내가 처음 만난 시였다. 나는 노래를 따라 부르면서 하염없이 눈물을 흘렸다. 참 이상한 일이었다. 그동안 어떤 상황에서도 마음을 꼭꼭 다지면서 눈물을 흘리지 않았는데, 시노래 한 구절에 터져버렸다. 샌님 같은 나도 이날만큼은 선생님과 친구들을 전혀 의식하지 않았다. 어디에서 그런 용기가 생겨났는지 알 수 없지만, 눈물을 쏟는 그 순간만큼은 외롭지 않았다. 선생님도 친구도 아닌, 나와 함께 하는 그 무엇이 느껴졌는지 모를 일이다.

그리고는 다시 경쟁의 일상으로 돌아가 등급을 다투고 그 노래까지도 잊어버리고 지내다 고등학교에 입학했다. 첫 국어 시간에 나는 다시 시를 만났다. 국어 선생님은 한동안 밖을 바라보며 묘한 여운으로 교실의 분위기를 잡고 칠판에 이름 석 자를 또박또박 적은 후 한마디 내질렀다. '난 시인입니다.' 난 그때 나도 모르게 내 몸이 푸른 칠판의 한 점 속으로 빨려 들어가는 것 같았다. '시인'이라는 이 한마디가 얼마나 강렬했는지 교과서의 서시 박목월의 「윤사월」과 시 속의 "눈 먼 처녀"는 덤이었다. 한동안 그의 포즈가 나에게는 바로 시였다.

어느 날 한 친구가 이유 없이 불려나가 얻어터질 때도

나는 그의 포즈를 의심치 않았다. 쓰고 지우기를 반복했지만 그의 포즈는 나를 가만히 두지 않았다. 쓰고 지울 때마다 시보다 그의 포즈가 그림자처럼 나를 따라다녔다. 그의 그림자가 시를 모르는 나를 오랫동안 지배했다. 둔감하게도 오랫동안 의식하지 못했지만, 이것은 전근대성이 나를 지배하는 단초가 되었고 그 지배조차도 잘 의식하지 못하는 걸림돌이 되었다. 그동안 잊고 있었지만 돌이켜 생각해보니 시는 나의 부질없는 첫사랑 같은 것이었다.

사실 첫사랑은 우리들의 성장 과정에서 분명 대단한 의미를 지니지만 첫사랑의 여자는 허구에 지나지 않는다. 자신이 알고 있는 첫사랑의 여인은 그때도 지금도 사실 없는 것은 아닐까? 자신이 만든 한 순간의 포즈만 존재할지도 모른다. 이 한 순간의 포즈를 첫사랑이라고 굳게 믿고 있는 것은 아닌지 모르겠다. 이것은 어쩌면 한때의 감성이 포장하여 만든 허구인지도 모른다. 만약 그렇다면 첫사랑은 하루라도 빨리 벗어나야 할 미명이다. 그래서 첫사랑은 영원히 만나지 않는 게 좋다. 첫사랑을 생각하면서 한때의 감성이 만든 허구적 대상만 떠올리기 때문이다. 30대, 40대에도 이 세상에 첫사랑의 여인이 존재한다고 생각하는 사람이 여자를 바로 보고 제대로 사랑할 수 있을까?

내 첫사랑은 초등학교 5학년 때 동급 여자 아이였는데 난 그때 멀리서만 바라보았지 아직도 그 여자 아이의 실체를 모른다. 그 여자 아이는 나에게 신기루와 같은 존재였다. 그녀의 슬픈 표정, 화사한 옷, 물기 젖은 눈, 조용한 제스처만으로 내 마음속에 그녀의 이미지를 담았다. 그런데 지금 생각해보면 도회지에서 전학 왔으니 옷이 화사할 수밖에 없고, 자기 어머니와 떨어져 있으니 표정이 슬플 수밖에 없고, 다른 아이들과 어울리지 못했으므로 조용히 지낼 수밖에 없었다. 오로지 현실적 맥락은 도외시하고 내가 한순간 절대시해버린 포즈만 취해 가슴속에 간직하는 꼴이다.

지금 생각해보니 시가 나에게는 첫사랑 같은 것이었다. 아니, 첫사랑의 여인 같은 것이었다. 나는 오랫동안 나를 던져 누군가를, 누군가와 어울려 이룬 관계나 현실을 사랑하지 않았다. 오랫동안 첫사랑의 여인을 실재하는 여인으로 착각했고, 그 여인의 포즈를 동경했으며 또한 어설프게 흉내 내었다. 옛날 그 선생님의 포즈가 시가 아니거늘 그런 시가 존재한다고 생각하고 그런 시를 지향했다. 참 어리석은 일이다. 이것을 깨달았을 때는 이미 불혹을 넘기고 있었다.

그러나 나에게 불혹은 불혹이 아니라 지독한 냉소주의의 시작이었다. 자꾸 죽은 시인의 사회가 떠올랐다. 우리 모두 죽은 시인의 사회에서 시인과 사제와 교사를 욕뵈는 굿판 속에 있는 것 같았다. 모두들 서로의 자격을 논하기에 앞서 초심으로 돌아가 어시장 후미진 골목의 비린내를 맡으며 새벽 바다를 바라보는 것이 어떨까 싶었다. 그러면 푸른 여명 속에 새로운 희망이 이웃집 아저씨처럼 싱긋이 웃을지도 모른다. 이 웃음을 보고 나면 시인이란 자격도 지위도 권위도 아니고 바로 바다이고 구름이고 노을이라는 사실을 깨달을지도 모른다. 다른 바람에게 자리를 내어주는 바람처럼 어둠에게 자리를 내어주는 노을처럼 시인이란 다른 사람에게 아름다운 자리를 내어주는 사람이고 시는 바로 그 아름다운 자리라는 것을 말이다.

아름다운 자리는 사람과 사람의 여백이다. 이 여백이 사라지면 남는 게 없다. 살벌한 풍경만 남는다. 이 속에서 무슨 사람을 기념한단 말인가? 시가 없는 자리에 무슨 시를 사랑하고 시인을 기념한단 말인가? 이런 상념이 나를 떠나지 않고 맴돌았다. 어쩌다 내가 이런 지독한 냉소에 빠지게 되었는지 모르겠지만, 이러한 냉소도 따지고 보면 내가 아직 엄숙주의와 전근대성을 탈피하지 못하고 그런 관점에서 시나 시인을 바라보는 결과인지도 모른다. 그래도 어쩔 수 없는 일이다.

이제 희망의 이유를 위해 첫사랑이나 냉소와 결별할

때다. 나는 그동안 내 자신의 절망 대신 타인의 숱한 절망과 마주쳤다. 어느 순간 절망이 희망의 소중한 자양분이라는 생각을 하게 되었다. 절망이 희망이 되고, 인간에 대한 회한과 아픔이 성숙이 되는 것이다. 그래서 인생에서 절망할 수 있는 권리는 최대의 축복인지도 모른다. 나는 아버지가 폐암 투병을 하는 절망의 와중에도 마지막 순간까지 나를 걱정하는 모습을 보고 실로 오랜만에 타인을 위해 진정성 있는 눈물을 흘린 적이 있다. 아버지의 눈물에 값하는 눈물을 흘렸다. 많은 사람들이 방법은 다르다 하더라도 자신을 위해서는 절망하고 남을 위해서는 희망의 끈을 놓지 않는 경우가 많다고 생각한다. 이 삶의 역설이 그래도 이 땅 위에서 사람들이 끊임없이 끈을 엮어 살아가게 하고 하늘을 푸르게 한다고 생각한다. 궤변인 것 같지만 궤변이 아니다. 희망의 이유가 과연 자기 자신인지 곰곰 생각해보면 수긍할 수 있으리라 생각한다. 희망의 이유는 항상 자기를 초월한다. 인간이 아주 이기적인 것 같아도, 적어도 절체절명의 절망은 인간을 가장 인간적으로 돌려놓는다. 아버지를 통해 죽음을 앞에 둔 희망의 이유를 생각하면서 나는 인간에 대한 믿음을 가질 수밖에 없었다. 인간의 아름다움은 다른 데 있는 것이 아니다. 바로 이런 순간이라고 생각한다.

그런데 그냥 하루를 보내는 것도 희망이라면 우리는 과연 언제 절망할 수 있을까? 오늘 하루 밥을 먹고 아이를 배웅하는 것도 크나큰 희망이라면 우리는 언제 절망할 수 있을까? 만약 이렇게 반복되는 일상 속에서 우리가 절망의 순간을 한 번도 가지지 못했다면 진정한 희망의 이유를 발견할 기회도 만나지 못했는지 모른다. 왜냐하면 절망의 순간을 통해서만 타인의 고통과 상처, 좌절과 절망의 밑바닥을 볼 수 있기 때문이다. 그래서 만약 자신이 절망하고 있다면 가장 인간적인 천성을 드러내고 있다고 생각하고 거기에서 희망의 이유를 찾아볼 일이다. 자신의 좌절이나 절망을 통해 타인의 고통과 상처를 들여다보는 것이 소중한 까닭이 바로 여기에 있다. 희망의 이유는 다른 데 있지 않다. 진정한 희망의 이유가 바로 여기에 있다.

교사로 살아오면서 그동안 많은 일이 있었다. 그중에서도 2014년 4월 16일에 있었던 세월호 사건은 엄청난 충격으로 다가왔다. 교사로서 안이한 세월을 살아온 나와 교실과 학생들을 돌아보는 계기가 되었다. 그동안 학생들과 나는 어떻게 엮여 있었고, 그들의 고통과 상처는 나와 어떤 관계가 있는가? 한 번도 심각하게 생각하지 못한 문제가 계속 나를 따라다녔다. 그동안 내가 무시하고 방관한 억압과 상처에 대한 회한이 밀려왔다. 그러나 교실이 잘 보이지 않았다. 아이들의 상처가 잘 보이지 않았다. 당연하게도 그들의 심연을 볼 수 없었다.

나는 정말 비겁한 교사였다. 때로는 지나치게 나약했고 때로는 지나치게 억압적이었고 때로는 지나치게 회의적이었고 때로는 지나치게 기회주의적이었다. 언제부턴가 나의 부끄러운 이 지점을 생각하지 않을 수 없었지만, 여전히 변죽만 울리고 삶의 주변부만 맴돌았다. 결국 마지막 순간까지도 진정한 희망의 이유를 미처 발견하지 못하고 적지 않은 부채만 떠안은 채 아이들 곁을 떠났다. 떠나면서도 그 누구에게도 나의 뒷모습을 들키고 싶지 않은 궁색한 마음을 떨치지 못하였다. 나는 당분간 이 궁색한 마음으로 살아갈 것 같다. 부끄럽지만 나의 시도 이러한 마음의 한쪽일지도 모른다.

회한이 밀려오는 순간이 오늘에만 있었던 것은 아니다. 그런데 오늘따라 왜 이렇게 가슴이 미어지는지 모르겠다. 지난 세월이 너무 가슴 아프게 다가온다. 또한 이미 이제 그 이름조차 알 수 없는 상처뿐인 영혼을 생각하면 알지 못할 눈물이 흐른다. 지금 차창 너머로 건너편 109동 어느 한 집의 창문 불빛이 보이고 아직 잠자지 않고 있는 영혼이 비친다. 무슨 생각을 하고 있을까? 오늘따라 저 창문에 비친 그림자가 너무 슬프게 다가온다. 나는 살아오면서 타인의 고통과 절망의 심연을 바라볼 수 있을 만큼 절망한 적이 없다. 그래도 나는 나보다 너에게 희망을 가지려 한다. 어느 순간 절망하기 위해 희망을 가지려 한다. 저 그림자의 절망을 생각하며 희망을 가지려 한다.

사라진 얼굴

2018년 10월 10일 초판 1쇄 펴냄

지은이 _ 하재청
펴낸이 _ 양문규
펴낸곳 _ 詩와에세이

신고번호 _ 제2017-000025호
주　　소 _ (30018)세종특별자치시 조치원읍 돌마루5길 2, 104호
대표전화 _ (044)863-7652, 070-8877-7653
팩시밀리 _ 0505-116-7653
휴대전화 _ 010-5355-7565
전자우편 _ sie2005@naver.com
공 급 처 _ 한국출판협동조합
주문전화 _ (02)716-5616
팩시밀리 _ (031)944-8234~6

ⓒ하재청, 2018
ISBN 979-11-86111-54-3 (03810)

* 지은이와 협의하여 인지는 생략합니다.
* 이 책 내용의 전부 또는 일부를 재사용하려면 반드시 지은이와
  詩와에세이 양측의 동의를 받아야 합니다.
* 책값은 뒤표지에 표시되어 있습니다.
* 이 책은 경남문화예술진흥원의 문화예술지원금을 보조받아
  발간되었습니다.

이 도서의 국립중앙도서관 출판예정도서목록(CIP)은 서지정보유통지원시스템 홈페이지(http://seoji.nl.go.kr)와 국가자료공동목록시스템(http://www.nl.go.kr/kolisnet)에서 이용하실 수 있습니다.(CIP제어번호: CIP2018030978)